BEI GRIN MACHT SICH IHR WISSEN BEZAHLT

- Wir veröffentlichen Ihre Hausarbeit, Bachelor- und Masterarbeit

- Ihr eigenes eBook und Buch - weltweit in allen wichtigen Shops

- Verdienen Sie an jedem Verkauf

Jetzt bei www.GRIN.com hochladen und kostenlos publizieren

GRIN

Einsatz eines computergestützten kooperativen E-Learning-Angebots. Lernszenario für einen Blended-Learning-Kurs

Praxisbeispiel für den Kurs "Grundlagen der Digitalfotografie"

Fritz Pflugbeil

Bibliografische Information der Deutschen Nationalbibliothek:

Die Deutsche Nationalbibliothek verzeichnet diese Publikation in der Deutschen Nationalbibliografie; detaillierte bibliografische Daten sind im Internet über http://dnb.d-nb.de abrufbar.

ISBN: 9783346449214
Dieses Buch ist auch als E-Book erhältlich.

© GRIN Publishing GmbH
Nymphenburger Straße 86
80636 München

Druck und Bindung: Books on Demand GmbH, Norderstedt Germany
Gedruckt auf säurefreiem Papier aus verantwortungsvollen Quellen

Das vorliegende Werk wurde sorgfältig erarbeitet. Dennoch übernehmen Autoren und Verlag für die Richtigkeit von Angaben, Hinweisen, Links und Ratschlägen sowie eventuelle Druckfehler keine Haftung.

Das Buch bei GRIN: https://www.grin.com/document/1037903

Entwicklung eines Lernszenarios für den Einsatz eines computergestützten kooperativen E-Learning-Angebots am Beispiel des Blended Learning Kurses „Grundlagen der Digitalfotografie"

eingereicht am 28.03.2018

von

Fritz Pflugbeil

Inhaltsverzeichnis

Inhaltsverzeichnis 2

1. Einleitung 3

2. Konzeption eines betreuten computergestützten kooperativen E-Learning-Angebots im Modul „Grundlagen der Digitalfotografie" 4

   2.1 Analyse der Zielgruppe 4

   2.2 Analyse der Lernziele 5

     2.2.1 Kognitive Lernziele 5

     2.2.2 Affektive Lernziele 6

   2.3 Festlegung des Inhalts 6

   2.4 Planung des Ablaufs 9

   2.5 Einsatz von Technik 11

   2.6 Betreuung des Online-Angebots 13

     2.6.1 Anforderungen an die Betreuung 13

     2.6.2 Kompetenzen bei den Betreuern 14

3. Vorteile und Problemfelder beim Einsatz des betreuten CSCL-Szenarios 15

   3.1   Vorteile des CSCL-Szenarios 15

   3.2   Problemfelder des CSCL-Szenarios 16

   3.3   Soziales Netzwerkverhalten 16

   3.4   Förderung von Medienkompetenz 17

   3.5   Das SIDE-Modell 18

4. Abschlussbetrachtungen 20

Literaturverzeichnis 21

Abbildungsverzeichnis 22

1. Einleitung

Die Hausarbeit beschäftigt sich mit der Konzeption eines betreuten computergestützten kooperativen E-Learning-Angebots für das Lernmodul „Grundlagen der Digitalfotografie". Dabei fließen alle wichtigen Aspekte wie Zielgruppenanalyse, Lernziele, Struktur, Ablauf, Technik und Betreuung mit ein. Das Lernmodul "Grundlagen der Digitalfotografie" hat sich zum Ziel gesetzt, neben den fachlichen Lernzielen den Studierenden erste Erfahrungen im selbstgesteuerten Lernen näher zu bringen. Des Weiteren sollen sie in der Lage sein, mit Kommilitoninnen und Kommilitonen online zusammenzuarbeiten, die sie größtenteils zuvor noch nicht persönlich kennen gelernt haben.

Während sich Kapitel 2 mit diesen Aspekten beschäftigt, zeigt Kapitel 3 die Vorteile und Problemfelder des betreuten computerunterstützten kooperativen Lernangebots (CSCL, aus dem Englischen: Computer Supported Cooperative Learning) anhand des gewählten Lernmoduls auf. Das Kapitel geht zudem auf mögliche Veränderungen des sozialen Netzwerks der Teilnehmenden durch Onlinebeziehungen ein. Abschließend betrachtet die Hausarbeit, wie die Medienkompetenz der Teilnehmenden verbessert werden kann und welche Anonymitätseffekte nach dem SIDE-Modell auftreten und wie negative Auswirkungen verhindert werden können.

Die Hausarbeit greift unter anderem auf die Studienbriefe des Moduls „Computervermittelte Kommunikation und Kooperation" im Studiengang Medien und Bildung der Universität Rostock im Wintersemester 2017/2018 zurück. Die Aufgabenstellung erfolgte durch Dr. Udo Hinze.

2. Konzeption eines betreuten computergestützten kooperativen E-Lear-ning-Angebots im Modul „Grundlagen der Digitalfotografie"

Im Studiengang „Medien und Kommunikation" der Universität Passau spielen Medienpro-duktionen eine große Rolle. Da die Studierenden in wissenschaftlichen Übungen crossme-diale Projekte mit einem erhöhten Bildanteil umsetzen müssen, ist die Einarbeitung in die Fotografie unter gestalterischen und technischen Gesichtspunkten notwendig. Aus diesem Grunde soll ein betreutes E-Learning-Angebot mit Blended Learning Ansatz die Grundlagen der Digitalfotografie vermitteln. Das Lernmanagementsystem soll auf WordPress-Basis ent-stehen. Während die Teilnehmenden in der Onlinephase die theoretischen Grundlagen der Digitalfotografie in Form von Einzel- und Gruppenphasen erarbeiten, setzen sie sich im da-rauffolgenden Workshop mit dem Fotoequipment der Universität Passau auseinander. Nach-folgend analysiert die Hausarbeit die wichtigen Aspekte, die für die Gestaltung des betreuten E-Learning-Angebots von Bedeutung sind.

2.1 Analyse der Zielgruppe

Der Kurs „Grundlagen der Digitalfotografie" richtet sich an Studierende des Studiengangs „Medien und Kommunikation" der Universität Passau. Bei den Teilnehmenden handelt es sich um deutschsprachige Jugendliche im Alter zwischen 18 und 30 Jahren. Sie stammen alle aus dem europäischen Kulturraum und weisen in der Regel das allgemeine Abitur auf. Für die Zulassung zum Studium ist kein Praktikum im Medienbereich vorzuweisen. Auf-grund ihres Alters gehören sie der Gruppe der „Digital Natives" an. Sie finden sich im Web schnell zurecht und sind in sozialen Netzwerken gut vertreten. Sie kennen zudem einschlä-gige Kommunikationsmöglichkeiten und Co-Authoring Programme wie Skype oder Google Docs. Da die Universität Passau die Veranstaltungen mit dem Lernmanagementsystem Stud.IP organisiert, sind erste Erfahrungen mit Lernmanagementsystemen vorhanden.

Aufgrund der Erfahrungen aus vergangenen Präsenz-Workshops, in denen der Umgang mit digitalen Spiegelreflexkameras unter technischen Gesichtspunkten erklärt wurde, bestehen wenige Vorkenntnisse in diesem Bereich. Die Kursteilnehmenden verstehen oftmals nicht den Zusammenhang von Blende, Verschlusszeit, Sensorempfindlichkeit und Schärfentiefe.

Gestaltungsmittel werden kaum angewendet und das Thema Lichtführung ist für alle Teilnehmenden als unbekannt vorauszusetzen. Die Zielgruppe lässt sich aufgrund der bisherigen Erfahrungen der Kategorie Anfänger zuordnen.

2.2 Analyse der Lernziele

Das Modul „Grundlagen der Digitalfotografie" soll den Teilnehmenden den sicheren Umgang mit der Spiegelreflexkamera unter technischen und gestalterischen Gesichtspunkten näherbringen. Vom Kurs erwarten sich die Dozierenden eine qualitative Steigerung der Fotoarbeiten für die Medienproduktionen in den Bereichen Print und Online.

Für die Formulierung der Lernziele müssen mindestens die Akteure, die Handlung und der Gegenstand erwähnt werden. Zusätzlich können Gütekriterien oder Rahmenbedingungen angeführt werden (Kerres 2013, S.317). Die Lernziele lassen sich nachfolgend in kognitive und affektive Ziele einteilen.

2.2.1 Kognitive Lernziele

Die Kursteilnehmenden

- verstehen den Zusammenhang von Blende, Verschlusszeit, ISO-Empfindlichkeit und Schärfentiefe.
- stellen die einzelnen Parameter an der Kamera richtig ein, so dass das Bild weder über- noch unterbelichtet ist.
- können die Funktionsweise der Kameraprogramme Manuell, Blenden- und Verschlusszeitautomatik erklären.
- wenden die Gestaltungsregeln Goldener Schnitt, Perspektive und Linienführung in der Fotografie anhand von selbstgewählten Motiven gezielt an.
- kennen die Grundlichtarten Rembrandtlicht, Hochfrontales Licht, Seitenlicht und Gegenlicht.
- beschreiben die Wirkungsweise der Grundlichtarten.
- setzen die Lichtführung gezielt ein.

2.2.2 Affektive Lernziele

Die Kursteilnehmenden

- sind in der Lage, im Team kooperativ nach Vorgaben des Dozierenden ein Studioset zu entwickeln.
- können den anderen Teammitgliedern argumentativ darlegen, warum welche Lichtführung für das Motiv die beste Wahl ist.

2.3 Festlegung des Inhalts

Die Inhalte zeichnen sich durch multiple Repräsentationen aus, die durch die Kombination von Videos, Text, Bildern, Grafiken und Simulationen entstehen. Um den Wissensstand zu kontrollieren, lösen die Studierenden während des Lernprozesses verschiedene Übungsaufgaben, die sich in ihrer Machart unterscheiden: Single-Choice/Multiple-Choice oder Zuordnungsaufgaben.

Wie Abbildung 1 auf der nächsten Seite zeigt, teilt sich die Lernumgebung in die zwei großen Bereiche Kameratechnik und Gestaltung, die sich wiederum in weitere Unterthemen gliedern. Die Teilnehmenden absolvieren das Themenfeld Kameratechnik zunächst in Einzelarbeit. Gestartet wird mit dem Thema Belichtung. Erst wenn die Teilnehmenden diesen Bereich erfolgreich absolviert haben, wird das Thema Programme freigeschaltet. Nach Abschluss dieser beiden Unterthemen startet der zweite große Bereich, die Gestaltung.

Die starre Festlegung der Reihenfolge ist auf die Zielgruppe zugeschnitten, die sich durch geringe Vorkenntnisse auszeichnet. Zum anderen folgt die Struktur der logischen Vorgehensweise des Handlungsablaufs bei der Fotografie.

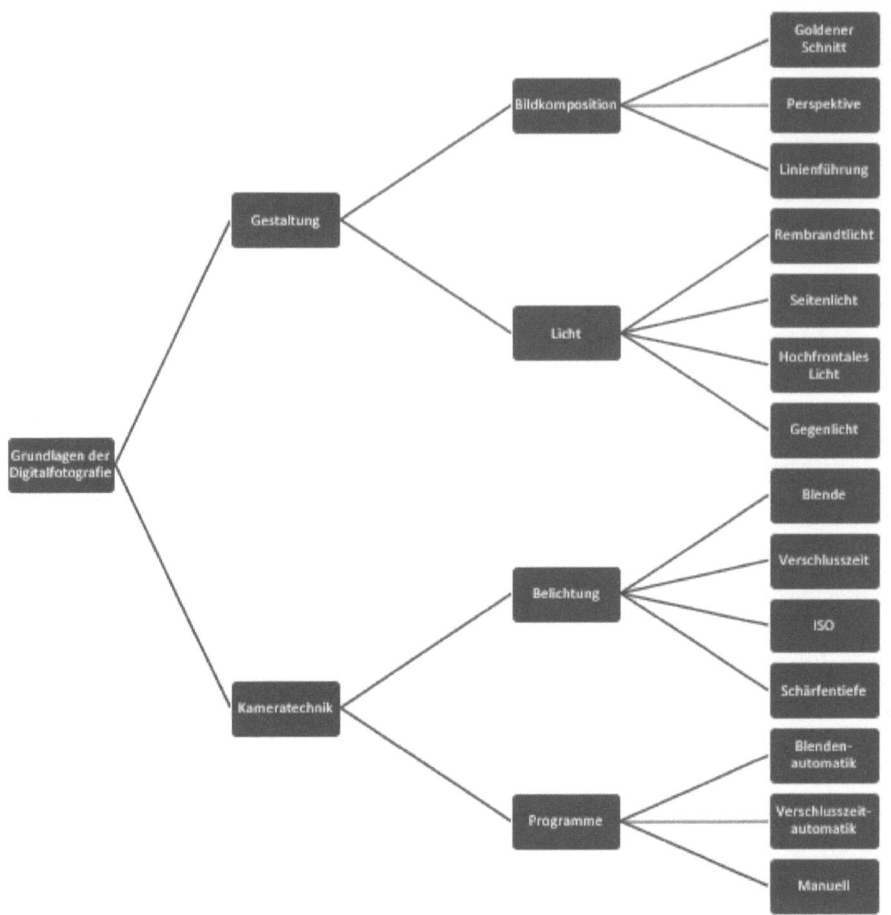

Abbildung 1: Inhalt Onlinephase Modul „Grundlagen der Digitalfotografie"

Während die Wissensvermittlung im Bereich Kameratechnik als Einzelarbeit beginnt, startet der Bereich Gestaltung in die Gruppenphase. Hier müssen die einzelnen Teams die vorgegebenen Themen durch Recherche erarbeiten. In einer ersten Aufgabenstellung müssen die Teams, die aus drei bis vier Personen bestehen die Gestaltungsmerkmale der Lichtarten ausarbeiten. Das gleiche gilt für das Themenfeld Bildkomposition. Dabei bekommt jedes Team vom Betreuer ein Thema zugewiesen: Rembrandtlicht, Seitenlicht, Hochfrontales Licht, Gegenlicht und Bildkomposition mit den Bereichen Goldener Schnitt, Perspektive und Linienführung. Die Gestaltungsmerkmale sind zu definieren nach Akzentsetzung, Linienführung

7

und Flächenaufteilung. Zudem ist die Wirkung der Lichtcharakteristik anhand von ausgesuchten Fotobeispielen zu beschreiben. In einem weiteren Schritt sollen mögliche Fehlerquellen bei der Lichtsetzung aufgezeigt werden.

Ist diese Aufgabenstellung in der ersten Woche absolviert, müssen die Gruppen in der zweiten Aufgabe die erarbeiteten Inhalte anhand einer Softwaresimulation umsetzen (siehe Abbildung 2). Dazu gehört das Positionieren des Models, der Leuchte und der Kamera. Den Gruppen ist es freigestellt, mit verschiedenen Lichtquellen wie Aufheller oder Diffusor zu experimentieren und festzuhalten, wie sich der Bildeindruck dadurch verändert. Das Team mit dem Thema Bildkomposition soll mithilfe eines Smartphones gezielt Fotos für die Themen Goldener Schnitt, Perspektive und Linien hochladen und die Gestaltungselemente beschreiben.

Die Art der Aufgabenstellungen muss so gestaltet sein, dass unabhängig von der Rolle des Einzelnen alle Mitglieder einer Gruppe aktiv am Elaborationsprozess beteiligt sind (Hinze 2015, S. 31). Um diese Forderung zu erfüllen, sind die Gruppenaufgaben des Kurses wie folgt gestaltet: Die Aufgaben lassen sich in Teilaufgaben zerlegen, wodurch eine Arbeitsteilung stattfinden kann. Zudem sind die Aufgaben vor allem bei der Simulation (siehe Abbildung 2) auf komplexere Problemstellungen ausgerichtet, was über die Suche nach Wissen hinausgeht. In der Auseinandersetzung mit der dramatischen Wirkungsweise der Lichtarten sind unterschiedliche Sichtweisen möglich, so dass eine Diskussion innerhalb der Gruppe gefördert wird.

Abbildung 2: Screenshot der Simulationssoftware set.a.light3d Studio

8

Als dritte und letzte Aufgabe müssen die Teams ihre Ergebnisse zusammenfassen und in einer Abschlusspräsentation den anderen Gruppen zugänglich machen.

In dieser Abschlusspräsentation werden die Ergebnisse aller Gruppen präsentiert und mit den anderen Teams diskutiert. Sämtliche Gruppenergebnisse werden zusammengetragen und für den anschließenden Workshop in der Präsenzphase zur Verfügung gestellt.

Abschließend betrachtet wird das betreute E-Learning-Angebot in der Aufgabenstellung schrittweise komplexer und führt somit allmählich in das kooperative Lernen ein. Einer Überforderung und Demotivation der Beteiligten kann so entgegengewirkt werden (Hinze 2015, S. 33). Lernende, die der Zielgruppenanalyse nach geringe Vorkenntnisse aufweisen, werden durch die Struktur unterstützt. Die Aufgaben lassen dennoch Freiheitsgrade zu, so dass die Interaktionen und die Kreativität gefördert werden (Hinze 2004, S. 86).

2.4 Planung des Ablaufs

Um Orientierungslosigkeit und Überlastung möglichst zu minimieren, muss den Lernenden der Wunsch der Lernenden nach Strukturiertheit und Anleitung nachgekommen werden (Hinze 2004, S. 99). So können in einer Vorphase die Lernenden auf allgemeine Informationen zum Kursangebot zugreifen. Die Teilnehmenden sehen den Kursaufbau mit seinen Phasen, die gesteckten Lernziele und Rahmenbedingungen.

Vorphase	•Informationen über den Kurs •Lernziele und Rahmenbedingungen
Virtueller Kickoff, (1h)	•Vorstellungsrunde, Austausch über Praxiserfahrungen •Einführung in die Lernplattform
Online Selbstlernphase, (2 Wochen)	•2 Wochen Selbstlernen •Begleitendes E-Tutoring
Webmeeting, (2h)	•Reflexion über Selbstlernphase, Klärung offener Fragen •Gruppenbildung und Aufgabenverteilung
Online Gruppenphase, (3 Wochen)	•3 Wochen Aufgabenbearbeitung, •Wöchentlich Jour Fix mit Feedback durch Betreuer
Webmeeting Abschluss, (1,5h)	•Präsentation der Ergebnisse •Diskussion der Ergebnisse, Ausblick auf Workshops
Präsenz Workshop, (3h)	•Umsetzung der Aufgaben aus der Onlinephase in die Praxis

Abbildung 3: Ablauf des Moduls in Anlehnung an Erpenbeck et al. (2015, S.26)

Das virtuelle Kickoff Meeting findet synchron statt. In dieser Veranstaltung besteht die Möglichkeit, sich vorzustellen, Fragen zu klären und die Gruppeneinteilung vorzubereiten. Der Betreuer klärt die grundsätzliche Kommunikationsform, den Ablauf und gibt erste Hilfestellungen.

Nach zwei Wochen Selbstlernphase und E-Tutoring in asynchroner Form können die Studierenden das Webmeeting nutzen, um durch synchrone Kommunikation noch offene Fragen zu klären und dem Betreuer die Gruppeneinteilungen mitzuteilen.

Nach diesem Webmeeting erarbeiten die Gruppen in den folgenden Wochen die Aufgaben. Sie müssen sich selbst organisieren und eigenständig synchrone und asynchrone Austauschformen finden. Hilfestellungen erhalten sie durch ein wöchentliches Jour fix mit den Betreuenden, die die Ergebnisse bewerten und Feedback geben, ehe diese im Plenum präsentiert wird (Hinze 2015, S.32).

Nach Abschluss der Aufgaben müssen die Lernenden die Ergebnisse zusammentragen und im Plenum präsentieren. Dies erfolgt ebenfalls wieder in synchroner Form.

In seinem Lehrbrief „Kommunikationstheorie" erwähnt Cornelius Filipski das Phasenmodell von Bruce Tuckman, wonach sich die Gruppenarbeiten in die Phasen Forming, Storming, Norming und Performing einteilen lassen (Filipski 2004, S.42). Die Kickoff Veranstaltung lässt sich der Forming-Phase zuordnen, wonach die Lernenden zunächst versuchen, sich zu orientieren und Kontakte zu knüpfen. Das erste Webmeeting nach der Selbstlernphase lässt sich der Storming-Phase zuordnen. Es eignet sich für erste kritische Bemerkungen und die Lernenden müssen sich innerhalb der Gruppe ihre Rolle finden. Die Online Gruppenphase gibt den Teammitgliedern in der ersten Woche die Gelegenheit, Regeln festzulegen und Gruppen-Kohäsion entstehen zu lassen. In dieser Phase spricht man von Norming (Filipski 2004, S.43). Schließlich ermöglichen die folgenden zwei Wochen in der Erarbeitungsphase die Etablierung der Gruppe. Aufgaben werden gemeinsam bearbeitet und Rollen flexibel angepasst. Dies entspricht der Performing-Phase.

2.5 Einsatz von Technik

Hard- und Softwarelösungen, die die Kommunikation, Kooperation, Kreativität und Koordination in Gruppen unterstützen, bezeichnet man als Groupware (Hinze 2015, S.81). Da es hierfür unzählige Werkzeuge gibt, lässt sich eine Klassifikation nach Einsatzbedingungen vornehmen. Räumliche und zeitliche Aspekte können hierzu herangezogen werden. Zusätzlich können die Werkzeuge nach Asynchronität und Synchronität eingeordnet werden (Hinze 2004, S.47-48). Aufgrund des Praxisbeispiels, das das Lernen an unterschiedlichen Orten ermöglicht, beschränkt sich der Blick der Hausarbeit auf synchrone und asynchrone Kommunikation an verschiedenen Orten.

Abbildung **3** schildert die Ablaufphasen des Online-Kurses, die sich durch synchronen und asynchronen Austausch auszeichnen. Eine pauschale Kommunikation festzulegen ist deshalb nicht möglich. Als Basissystem zur Koordination des E-Learning-Angebots herangezogen wird die Lernplattform Stud.IP, die in erster Linie den Überblick über den Kursverlauf gibt und zur asynchronen Kommunikation genutzt werden kann.

Besonders in der Forming-Phase sind viele Fragen zu klären. Die Kickoff-Veranstaltung muss deshalb aus Effizienzgründen synchron stattfinden. Die Universität Passau stellt das Tool Adobe Connect den Studierenden kostenlos zur Verfügung. Die Dozierenden greifen bei den synchronen Treffen ebenfalls auf das Tool zurück. Da mit diesem Tool audiovisuelle

Kommunikation stattfindet und Umfrage- und Abstimmungstools schnell eingesetzt werden können, macht sich jeder Lernende ein Bild von den Dozierenden und anderen Teilnehmenden.

Während der Selbstlernphase und eigentlichen Aufgabenbearbeitung reicht eine asynchrone Kommunikation aus. Hierfür sollten die Dozierenden jedoch in der Kickoff-Veranstaltung allgemeine Richtlinien vorgeben, damit man sich auf eine Kommunikationsform einigt. In diesem Praxisbeispiel können die Studierenden bei Fragen, Anmerkungen und Problemen auf Stud.IP in einer vom Dozierenden angelegten Seite sämtliche Fragen zu dieser Lernphase stellen. Durch diese Transparenz bleiben alle Kursteilnehmenden auf dem gleichen Informationsstand und Meinungen können gesammelt und nebeneinandergestellt werden (Petko 2014, S.86).

Für das Webmeeting und den Einstieg in die Online Gruppenphase sind hingegen synchrone Kommunikationstools wieder vordergründig, da sie effizienter zur Einteilung der Gruppen beitragen können und sie zeitnah eine gemeinsame Lösung fördern.

Einigen sich die Teammitglieder über eine bestimmte Vorgehensweise und sind die Teilaufgaben verteilt, können sie wieder asynchron zusammenarbeiten. Auch hier steht ihnen das Stud.IP LMS zur Seite. Jedes Team erhält eine eigene Seite, in der sie sich mit der Gruppenarbeit auseinandersetzen können. Sie können Materialien hochladen, im Forum diskutieren oder Termine für die nächste Adobe Connect Sitzung organisieren.

Bei der Abschlussveranstaltung kommt es durch die Abschlusspräsentation und Diskussion wiederum zu einer Informationsverdichtung. Die Präsentation muss deshalb wieder synchron stattfinden, weshalb auch hier Adobe Connect zum Einsatz kommt.

Die vorangegangenen Überlegungen berücksichtigen die sogenannte Mediensynchronizitätstheorie (Dennis und Valacich 1999, S.5-7), wonach die Frage auftaucht, wie unmittelbar innerhalb des Kommunikationswerkzeugs reagiert werden kann. In divergenten Prozessen, in denen Informationen parallel gesammelt werden und nicht alle Teilnehmenden sich auf das Gleiche konzentrieren müssen, können Medien mit geringer Synchronizität zum Einsatz kommen. Hingegen bei konvergenten Prozessen, in denen die Informationen verdichtet werden müssen und sich die Teilnehmenden auf ein Ergebnis einigen, sind Medien mit hoher Synchronizität anzuwenden (Boos und Schauenburg 2008, S.27).

Zusammengefasst lassen sich die Kommunikationsmedien für das Beispielprojekt wie folgt typologisieren:

	Synchron	asynchron
Textbasiert	Stud.IP: • Chatraum • WhatsApp Gruppe	Stud.IP: • Forum • Wiki • E-Mail
Multimedial	• Adobe Connect	WordPress Lernplattform • Fotoportal

Abbildung 4: Typologisierung Kommunikationstools

2.6 Betreuung des Online-Angebots

2.6.1 Anforderungen an die Betreuung

Lehrende benötigen im Gegensatz zu klassischen Unterrichtsformen im CSCL ein anderes Rollenverständnis. In der Onlinephase stehen sie mehr als Berater zur Seite denn als Wissensvermittler. So ermöglichen sie den Lernenden den Lernprozess selbst zu steuern. Durch die Übertragung dieser Verantwortung und dem Rollenverständnis eines Lernberatenden wird Kooperation ermöglicht (Hinze 2004, S.87). Um in dieser Phase unterstützend in Erscheinung zu treten, muss der Lehrende adäquat auf die unterschiedlichsten Situationen reagieren können, um zum Beispiel durch Interventionsmaßnahmen die Lernenden zur Weiterarbeit zu motivieren.

Die Rolle des Betreuenden geht jedoch noch weiter. Neben dem Tutoring müssen Lehrende Kurse entwickeln und einrichten, administrieren und technisch supporten können (Busch und Mayer 2002, S.58). Diese Anforderungen erhöhen die Kompetenzen, die die Lehrenden erbringen müssen, um erfolgreiche Online-Angebote umzusetzen. Darüber hinaus erwarten sich Lernende von ihren Betreuerinnen und Betreuern schnelle Erreichbarkeit, zeitnahes und detailliertes Feedback, Freundlichkeit und gute Tutorials.

2.6.2 Kompetenzen bei den Betreuern

Die Kompetenzen lassen sich im Allgemeinen in folgende Bereiche zusammenfassen (Busch und Mayer 2002, S.62):

- Fachliche Kompetenz
- Methodisch-didaktische Kompetenz
- Mediale- und technische Kompetenz
- Soziale Kompetenz

Mit der Rolle des Beratenden rücken neben der methodisch-didaktischen und der technischen Kompetenz vor allem die Soft Skills in den Mittelpunkt der Lehrenden im Online-Lernprozess. Studierende, die das E-Learning Angebot „Grundlagen der Digitalfotografie" wahrnehmen, sammeln erste Erfahrungen mit dem computervermittelten und kooperativen Lernen. Deshalb ist die Fähigkeit, die Teilnehmenden zu motivieren ebenso wichtig, wie die kommunikative Kompetenz, um Lernprozesse anzustoßen. Die Betreuenden müssen Gruppendynamiken erkennen und adäquat darauf reagieren. Sie müssen Konflikte bewältigen, die Kommunikation leiten, Diskussionen lenken und Ideen zusammenfassen. Im Vergleich zu herkömmlichen Unterrichtsformen kommt hier der Umgang mit der Technik oder die Netiquette als verunsichernde Faktoren hinzu (Busch und Mayer 2002, S.65). Die Soziale Kompetenz ist deshalb auch so wichtig, da im computergestützten Lernen besondere Sensibilität gefordert wird. Asynchrone Kommunikation kann zu Fehlinterpretationen führen, da oftmals die Mimik und Gestik des Teammitglieds nicht erkennbar ist und Teilnehmende sich ohne erkennbaren Grund zurückziehen könnten (Busch und Mayer 2002, S.70).

Greift man noch einmal auf das Phasenmodell unter Punkt 2.4 zurück, lassen sich die kommunikativen Fähigkeiten wie folgt darstellen:

In der Forming-Phase muss der Lehrende die Studierenden motivieren und ermutigen. Ermöglicht wird dies unter anderem durch eine herzliche Begrüßung und die Moderation einer Vorstellungsrunde. In der Storming-Phase unterstützt der Lehrende das gegenseitige Kennenlernen der Teilnehmenden mit dem Ziel, die Gruppen- und Rollenfindung nach der Einzelarbeit zu unterstützen. In der Norming-Phase legen die Betreuenden gemeinsame Regeln des Informationsaustausches fest und bestimmen gemeinsam eine Netiquette für die Gruppenarbeit. In der Performing-Phase schließlich fordern und fördern die Lehrenden den intensiven Austausch der Lernenden untereinander, indem sie die Arbeit inhaltlich unterstützen, Fragen beantworten, Denkanstöße geben, auf Konflikte adäquat reagieren und die Konstruktion des Wissens fördern (Hinze 2015, S.49).

Zu dieser Kommunikationsfähigkeit gehört auch technisches Know-how. Der gekonnte Umgang mit Contentmanagementsystemen - wie in diesem Praxisbeispiel Stud.IP und WordPress - sind grundsätzliche Voraussetzungen, um überhaupt die anderen Kompetenzen im Online-Lernprozess einbringen zu können. Dazu gehört auch die Fähigkeit, Kommunikationsmittel wie unter Punkt 2.5 beschrieben, am effektivsten einzusetzen (Hinze 2004, S.89) und den Lernenden zur Verfügung zu stellen.

3. Vorteile und Problemfelder beim Einsatz des betreuten CSCL-Szenarios

3.1 Vorteile des CSCL-Szenarios

Da der Studiengang Medien und Kommunikation sich vor allem durch praxisnahe wissenschaftliche Übungen und Seminare auszeichnet, kommt der Teamarbeit eine besondere Bedeutung zu. In diesen Kursen müssen die Studierenden in der Lage sein, Gruppen selbst zu organisieren und gemeinsam Praxisprojekte umzusetzen. Diese Fähigkeit kann mit dem vorgestellten Onlinekurs „Grundlagen der Digitalfotografie" geschult werden. Da die Studierenden zudem später auf Basis von WordPress eigene Blogseiten erstellen müssen, werden sie mit dem Contentmanagementsystem vertraut gemacht. In der heutigen Medienwelt sind der Austausch und die Zusammenarbeit über das Internet gang und gäbe. Diese wichtige Fähigkeit wird durch dieses Lernmodul trainiert, schließlich sollen aus den Studierenden später Kommunikationsexperten werden. Dadurch sammeln sie selbst erste Erfahrungen zum Thema CSCL.

15

Ein weiterer Vorteil ergibt sich aus den Anforderungen der Betreuenden. So wie von ihnen bestimmte Soft Skills erwartet werden, können die Lernenden sich welche aneignen bzw. ausbauen. Aufgrund der kaum vorhandenen Vorkenntnisse müssen die Lernenden in diesem Modul besonders viel gemeinsam erarbeiten. Dies erfordert Kommunikationsfähigkeit, Kooperationsbereitschaft und Konfliktfähigkeit.

3.2 Problemfelder des CSCL-Szenarios

Probleme können bei der Koordination der Gruppenarbeit auftreten. Aufgabe 1 beispielsweise erfordert eine schrittweise Erarbeitung des Themas. In der logischen Auseinandersetzung mit dem Thema „Rembrandtlicht" als Beispiel müssen zunächst die Gestaltungsmerkmale zusammengetragen werden, ehe näher auf die Wirkung und auf mögliche Fehler beim Setzen des Lichts eingegangen wird. Darauf aufbauend fordert Aufgabe 2 die Anwendung der Ergebnisse aus Aufgabe 1 in einer Softwaresimulation. Erfüllt ein Teammitglied nicht seine Aufgabe, hat es Konsequenzen für die darauffolgenden Arbeitsschritte. Dies kann bei den anderen Teammitgliedern schnell zu Demotivation und Missstimmung sorgen.

Die Koordination kann aber auch durch fehlende Nachrichtenverbundenheit gestört werden (Hinze 2015, S.25). Dies macht sich dann bemerkbar, wenn erstellte und übersendete Informationen von den anderen Mitgliedern nicht bestätigt oder kaum beantwortet werden. Zersplitterte Dialoge können die Folge sein.

3.3 Soziales Netzwerkverhalten

Der Kurs „Grundlagen der Digitalfotografie" umfasst einschließlich der Selbstlernphase etwa fünf Wochen. In dieser Zeit bilden die Teilnehmenden je nach Gruppenzugehörigkeit und Beteiligungsgrad starke oder schwache soziale Bindungen. Manche Lernende kennen sich schon vor der Onlinephase aus anderen Präsenzveranstaltungen. Der größte Teil dürfte sich jedoch noch nicht kennen. Das E-Learning Angebot bietet somit die Möglichkeit, die kommunikative Reichweite an der Universität zu erweitern.

Dieses soziale Netzwerk wird in Abhängigkeit von der Kontaktdichte, den Kommunikationsthemen und den Kommunikationsmedien intensiviert (Döring 2012, S.36). Wie bereits unter 2.4 erläutert, zeigt das Phasenmodell von Tuckman die Entwicklung der Kommunikationsfähigkeit der Beteiligten. Werden diese Phasen positiv durchlaufen, können sich die sozialen Bindungen nicht nur räumlich und zeitlich auf der sachlichen Ebene beschränken. Durch erfolgreiches Zusammenarbeiten besteht darüber hinaus die Möglichkeit, dass die geschlossenen Kontakte über die Onlinephase hinaus erhalten bleiben.

Um Kontakte und Beziehungen zwischen den Lernenden zu fördern, müssen soziale Prozesse wie Vorstellungsrunden, Diskussionen und Kollaborationen im Angebot integriert werden. Erweist sich die Online-Kooperation erfolgreich, kann sich eine formale Lernenden-Beziehung etablieren (Döring 2012, S.40). Da die Onlinezusammenarbeit jedoch auf fünf Wochen beschränkt ist und sich durch Zeitknappheit auszeichnet, besteht ein Restrisiko des Scheiterns. Dieses Risiko wird jedoch durch den anschließenden Workshop minimiert, in dem sich die Teilnehmenden persönlich kennen lernen. Das etablierte soziale Netzwerk kann künftig auch für andere Kurse genutzt werden, je nachdem, wie sehr sich die Zusammenarbeit als vertrauensbildend und motivierend erwiesen hat.

3.4 Förderung von Medienkompetenz

Der Begriff Medienkompetenz bezieht sich auf die menschliche Fähigkeit zu Kommunikation und Verständigung. Um diese Kompetenz bei Individuen zu fördern, muss die Umwelt entsprechende Maßnahmen ergreifen, um deren Entwicklung zu unterstützen (Kerres 2013, S.56).

Medienkompetenz zeigt sich unter anderem in der sinnvollen Nutzung von Medien zur Kommunikation und Zusammenarbeit. Im Modul „Grundlagen der Digitalfotografie" wechseln sich die Phasen in synchrone und asynchrone Kommunikationsformen ab. Entsprechend können die einzelnen Gruppen selbst entscheiden, auf welche Tools sie zurückgreifen wollen. Neben der Wahl der passenden Medien stehen die tele-kooperativen und tele-kommunikativen Kompetenzen im Zentrum der Medienkompetenz (Hinze 2015, S.63). Die tele-kooperative Kompetenz ermöglicht die Koordination der Zusammenarbeit. Da sich die Teams aus unerfahrenen Mitgliedern zusammensetzen und gemeinsam ein vorgegebenes Thema erarbeiten müssen, sind sie zur Kooperation gezwungen. Der Erfolg ihrer Arbeit hängt stark von der Bereitschaft ab, dass jedes Teammitglied Aufgaben übernimmt, Zeitpläne einhält, Zwischenergebnisse präsentiert, diskutiert und gemeinsam festgelegte Normen in der Gruppe einhält. Sie müssen zudem ihr Wissen zusammentragen und den anderen Gruppen zur Verfügung stellen. Dies ist für die spätere Präsenzveranstaltung sogar Voraussetzung, um die Gruppenarbeit in der Praxis umsetzen zu können.

Die tele-kommunikative Kompetenz setzt die Fähigkeit einer ausdrucksstarken Sprache und ein zuverlässiges Antwortverhalten voraus (Hinze 2015, S.63). Um die Aufgaben und die damit verbundenen wöchentlichen Jour Fix in der Gruppenphase mit den Betreuenden zeitlich zu schaffen, müssen die Teammitglieder das unbekannte Thema recherchieren, indem sie Informationen zusammentragen, verifizieren, selektieren, strukturieren und online aufbereiten. Abschließend müssen sie ihre Ergebnisse anschaulich präsentieren.

3.5 Das SIDE-Modell

In der textbasierten Kommunikation können sich die Kommunikationspartner nicht sehen. Welche Auswirkungen diese physische Isolation hat, damit beschäftigt sich das Social Identity Deindividuation Model (SIDE) (Boos und Schauenburg 2008, S.15). Hier werden die kognitiven und strategischen Aspekte betrachtet. Beim kognitiven Aspekt steht die Auswirkung der Anonymität anderer Mitglieder auf die Zielperson im Zentrum der Betrachtung. Der strategische Aspekt untersucht den Effekt der Identifizierbarkeit der Zielperson für die Mitglieder der Eigen- oder Fremdgruppe (Boos und Schauenburg 2008, S.16).

Die Teilnehmenden im Modul „Grundlagen der Digitalfotografie" haben sich zuvor überwiegend noch nicht gesehen. Dies hat in der Gruppenphase zur Folge, dass aufgrund der Anonymität sich die Mitglieder der Gruppe als geschlossene Einheit betrachten, nicht jedoch als Individuen. Ist das Zugehörigkeitsgefühl zur Gruppe stark ausgeprägt, gewinnt auch die Verhaltensnorm dieser Gruppe an Bedeutung. Ist sie schwach ausgeprägt, ist das Verhalten an den eigenen Bedürfnissen ausgerichtet und die Person steht in der Gruppe zunehmend isoliert da.

Anonymitätseffekte können im Onlinekurs dadurch verhindert werden, indem die Betreuenden in der Kickoff-Veranstaltung die Teilnehmenden dazu ermuntert, sich auf der Lernplattform mithilfe von Profilfotos und persönlichen Informationen vorzustellen. Durch den Einsatz von Adobe Connect findet synchrone Kommunikation in Ton und Bild statt. Dadurch können sich die Teilnehmenden ein besseres Bild von den Teammitgliedern machen.

4. Abschlussbetrachtungen

Wie die Auseinandersetzung zeigt, sind für ein betreutes kooperatives Lernarrangement die Vielseitigkeit und Kompetenzen der Lehrenden eine wichtige Voraussetzung und Bedin gung. Sie müssen neben der Rolle der Betreuenden auch als Organisatoren, Motivatoren und Kommunikationsexperten in Erscheinung treten.

Die Anforderungen steigen aber auch bei den Lernenden, die abseits der klassischen Unterrichtsmethoden ihr Lernen selbst steuern und mit anderen online zusammenarbeiten müssen. Wie die Arbeit zeigt, hat die computervermittelte kooperative Zusammenarbeit ihre eigenen Gesetzmäßigkeiten und kann nicht mit face-to-face-Kommunikation verglichen werden.

In einer globalisierten Welt, in der lebenslanges Lernen propagiert und virtuelle Arbeitsumgebungen allgegenwärtig sind, gehören diese Fähigkeiten zu grundlegenden Voraussetzungen in der Arbeitswelt.

Literaturverzeichnis

Boos, Margarete; Schauenburg, Barbara (2008): Sozialpsychologische Aspekte netzbasierter Wissenskommunikation. 2. vollständig überarbeitete Fassung. Hg. v. Universität Rostock Wissenschaftliche Weiterbildung.

Busch, Frank; Mayer, Thomas B. (2002): Der Online-Coach. Wie Trainer virtuelles Lernen optimal fördern können. Weinheim: Beltz (Reihe Beltz-Weiterbildung).

Dennis, Alan; Valacich, Joseph (1999): Rethinking Media Richness: Towards a Theory of Media Synchronicity. Proceedings of the 32nd Hawaii International Conference on System Sciences. Online verfügbar unter https://www.researchgate.net/profile/Alan_Dennis/publication/221183042_Rethinking_Media_Richness_Towards_a_Theory_of_Media_Synchronicity/links/02e7e524ad2b6ee4d4000000/Rethinking-Media-Richness-Towards-a-Theory-of-Media-Synchronicity.pdf, zuletzt geprüft am 18.03.2018.

Döring, Nicola (2012): Soziale Aspekte der Online-Kommunikation. 2. vollständig überarbeitete Fassung. Hg. v. Universität Rostock Wissenschaftliche Weiterbildung.

Erpenbeck, John; Sauter, Simon; Sauter, Werner (2015): E-Learning und Blended Learning. Selbstgesteuerte Lernprozesse zum Wissensaufbau und zur Qualifizierung. Wiesbaden: Springer Gabler (Essentials).

Filipski, Cornelius (2004): Kommunikationstheorie. Hg. v. Universität Rostock Wissenschaftliche Weiterbildung.

Hinze, Udo (2004): Computergestütztes kooperatives Lernen. Einführung in Technik, Pädagogik und Organisation des CSCL. Münster: Waxmann (Medien in der Wissenschaft, 30).

Hinze, Udo (2015): Computergestütztes kooperatives Lernen (CSCL). Hg. v. Universität Rostock Wissenschaftliche Weiterbildung.

Kerres, Michael (2013): Mediendidaktik. Konzeption und Entwicklung mediengestützter Lernangebote. 4., überarb. und aktualisierte Aufl. München: Oldenbourg. Online verfügbar unter http://www.degruyter.com/search?f_0=isbnissn&q_0=9783486736038&searchTitles=true.

Petko, Dominik (2014): Einführung in die Mediendidaktik. Lehren und Lernen mit digitalen Medien. 1. Aufl. Hg. v. Eiko Jürgens. Weinheim: Beltz.

Abbildungsverzeichnis

Abbildung 1: Inhalt Onlinephase Modul „Grundlagen der Digitalfotografie" 7

Abbildung 2: Screenshot der Simulationssoftware set.a.light3d Studio 8

Abbildung 3: Ablauf des Moduls in Anlehnung an Erpenbeck et al. (2015, S.26)............. 10

Abbildung 4: Typologisierung Kommunikationstools.. 13

BEI GRIN MACHT SICH IHR WISSEN BEZAHLT

- Wir veröffentlichen Ihre Hausarbeit,
  Bachelor- und Masterarbeit

- Ihr eigenes eBook und Buch -
  weltweit in allen wichtigen Shops

- Verdienen Sie an jedem Verkauf

Jetzt bei www.GRIN.com hochladen
und kostenlos publizieren